Armin
Täubner

Im Knitter-look

Lustige Motive
aus Tonkarton
und Seidenpapier

frechverlag

Von dem bekannten Autor Armin Täubner sind im frechverlag weitere Bücher erschienen. Hier eine Auswahl:

TOPP 2189

TOPP 2129

TOPP 2255

TOPP 2344

TOPP 2304

TOPP 2273

Auf Seite 1 sehen Sie eine bunte Motivzusammenstellung. Zwei Pilze benötigen Sie zusätzlich.

Fotos: frechverlag GmbH + Co. Druck KG, 70499 Stuttgart;
Fotostudio Täubner

Dieses Buch enthält:
1 Vorlagenbogen

Auflage: 5. 4. 3. 2. 1. | Letzte Zahlen
Jahr: 2003 2002 2001 2000 1999 | maßgebend

frechverlag GmbH + Co. Druck KG, 70499 Stuttgart

ISBN 3-7724-2475-9 · Best.-Nr. 2475
Druck: frechverlag GmbH + Co. Druck KG, 70499 Stuttgart

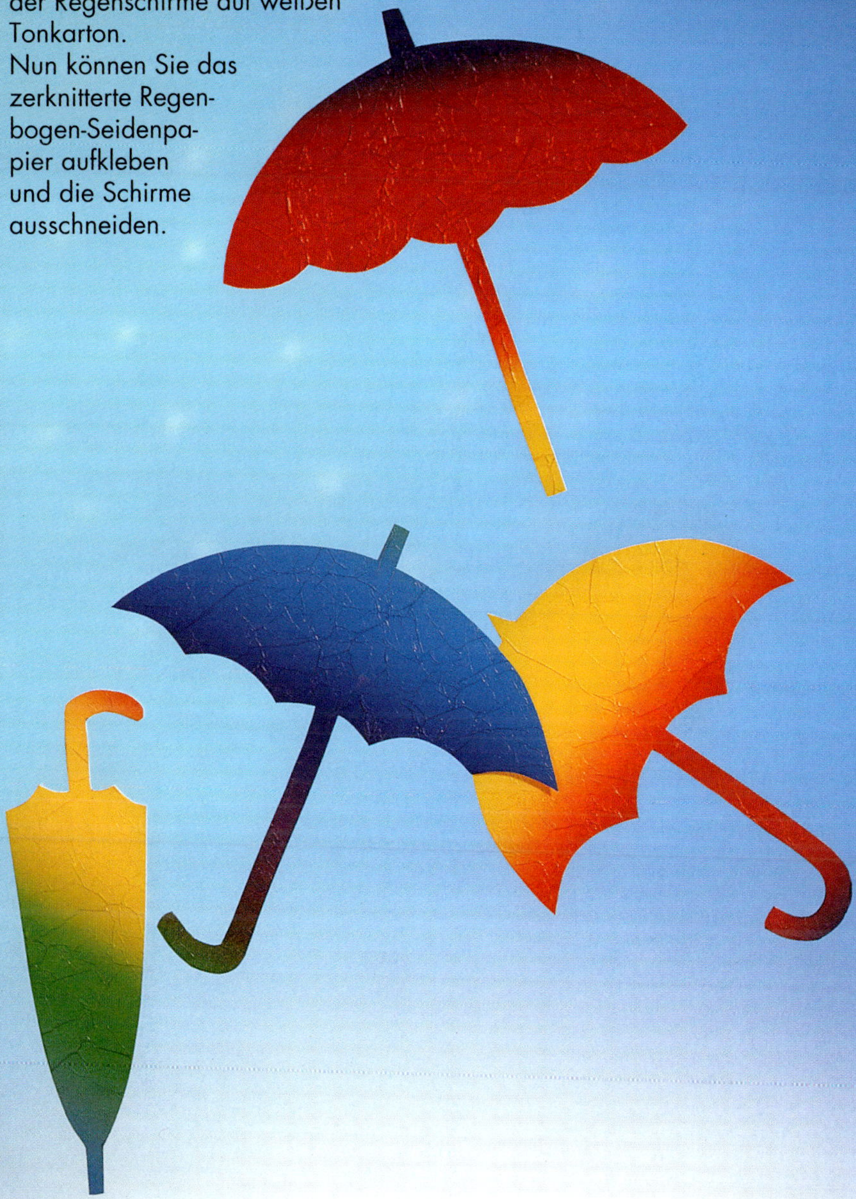

In diesem Buch lernen Sie eine neue Anwendung von Seidenpapier kennen. Seine Transparenz spielt dabei eine untergeordnete Rolle. Denn hier werden vielseitig verwendbare Motive aus Tonkarton mit zerknittertem Seidenpapier bezogen. Weißer Tonkarton unterstützt den aktuellen Knitterlook und lässt die Farben noch stärker leuchten.

Wenn Sie Regenbogen-Seidenpapier verwenden, können Sie gezielt Farbübergänge für Ihre Motive auswählen.

Zusätzliche Effekte erzielen Sie, wenn Sie Details wie eine Löwenmähne oder ein Schaf mit Seidenpapier-Knäueln bekleben.

Arbeitsschritte

Pausen Sie die Motivteile ohne Überschneidungen nebeneinander auf Transparentpapier ab. Das Transparentpapier wird auf einen dünnen Karton geklebt.

Schneiden Sie die Teile aus. Das sind Ihre Schablonen.

Legen Sie die Schablone auf weißen Tonkarton und ziehen Sie den Umriss mit Bleistift nach. Wenn Sie Tonkarton in derselben Farbe wie das Seidenpapier verwenden, wird der Knittereffekt optisch leicht abgeschwächt und das Seidenpapier büßt etwas von seiner Leuchtkraft ein.

Nun wird das Teil grob ausgeschnitten.

Material

- Tonkarton
- Transparentpapie
- Seidenpapier
- Bleistift
- Schere
- Lochzange
- Cutter (Schneidemesser) mit Schn deunterlage

Zerknüllen Sie das Seidenpapier und entfalten Sie es wieder. Bestreichen Sie die Rückseite der grob ausgeschnittenen Kartonform mit einem Klebestift.

- Klebestift
- Wackelaugen
- Schwarze und weiße Klebepunkte (ø 8, 12, 18 mm)
- Weißer Lackstift
- Rundholzstäbchen, ø 3 mm

Jetzt kann das Teil aus Tonkarton auf das Seidenpapier gelegt und aufgeklebt werden.

Drehen Sie das Teil wieder um und schneiden Sie das Motiv exakt aus. Dann können Sie das Wackelauge aufkleben. Anstelle der Wackelaugen können Sie auch schwarze und weiße Klebepunkte verwenden. Damit die Augen lebendiger aussehen, werden mit einem weißen Lackstift noch Lichtreflexe aufgemalt.

So sehen die fertigen Schildkröten aus.

TIPP Viele Motive können Sie auf ein Holzstäbchen kleben.

Zwei Lausbuben-gesichter

Nach dem Übertragen der Schablone wird die Rückseite des Tonkartons ganzflächig mit zerknittertem Transparentpapier beklebt und ausgeschnitten. Für das Herausschneiden von Mund und Nase eignet sich ein Cutter mit geeigneter Schneideunterlage am besten.
Die Augen sind schwarze und weiße Klebepunkte (ø 12 und 18 mm).

Als Haare werden dunkle Seidenpapierknäuel auf die vorher mit Klebestift bestrichene Fläche gedrückt. Schieben Sie die Knäuel so dicht zusammen, dass die Hautfarbe nicht mehr durchschimmert.

Teddybären

Die Augen und die Nasen der Bären sind schwarze Klebepunkte (ø 8 mm). Schneiden Sie die überstehenden Ränder der Klebepunktnasen ab.

Für die Schleifen werden 0,5 cm breite, karierte Stoffbänder verwendet.

MOTIVHÖHE
ca. 13 bzw. 16 cm

Ein quakendes Trio

Die Grundformen aus weißem Tonkarton werden vor dem Ausschneiden mit Regenbogen-Seidenpapier beklebt. Abschließend erhalten die lustigen Hüpfer noch Wackelaugen (ø 12 mm).

Bunte Regenschirme

MOTIVHÖHE ca. 19 cm

Übertragen Sie die Konturen der Regenschirme auf weißen Tonkarton.
Nun können Sie das zerknitterte Regenbogen-Seidenpapier aufkleben und die Schirme ausschneiden.

Glücksbringer

Die Schweinsohren werden separat ausgeschnitten und zusammen mit den Augen (Klebepunkte, ø 8 und 12 mm) aufgeklebt.
Mit einer Lochzange wird am Rüssel und über dem Schwänzchen jeweils ein Loch ausgestanzt. Nun können mehrere Glücksschweine zu einer Girlande auf eine Schnur aufgefädelt werden.
Sie können ihnen auch ein Kleeblatt in den Mund stecken.

Die Motive eignen sich auch als Geschenkanhänger, als Tischkarte oder als Stecker.

MOTIVHÖHE
ca. 12 bzw. 13 cm

Ein bunter Ostergruß

Als Farbtupfer können die Küken und die Ostereier aus Regenbogen-Seidenpapier auch auf Holzstäbchen geklebt und in Grünpflanzen gesteckt werden. Die Stäbchen können Sie mit Perlen und bunten Bändern verzieren.
Die Augen der Küken sind Wackelaugen (ø 12 mm).

MOTIVHÖHE
ca. 9 bzw. 10 cm

Osterhasentrio

MOTIVHÖHE
ca. 15 cm

Die fertig ausgeschnittenen Hasen haben schwarze Klebepunktaugen (ø 8 mm).

Die Schleifen werden aus einem 0,5 cm breiten, gelben Stoffband gebunden. Dann kleben Sie die Hasen auf die Holzstäbchen.

Bunte Blütenstecker

Jede Blüte besteht aus zwei Teilen: dem Blütenstern und dem runden Mittelteil. Bekleben Sie den Blütenstern mit zerknittertem Seidenpapier und schneiden Sie ihn aus.
Für das Mittelteil bestreichen Sie eine schwarze Tonkartonscheibe (ø 5 cm) mit dem Klebestift und drücken kleine, gleichfarbige Seidenpapierknäuel auf. Dann befestigen Sie das Mittelteil auf dem Blütenstern.

Zum Schluss werden die Blüten auf Holzstäbchen geklebt.

Bunte Falter

Von Rumpf und Flügeln wird eine Schablone angefertigt.
Übertragen Sie den Umriss der Rumpfschablone auf schwarzen Tonkarton. Die Rückseite wird mit schwarzem Seidenpapier beklebt.
Für die Flügel verwenden Sie weißen Tonkarton und Regenbogen-Seidenpapier.
Sind Rumpf und Flügel ausgeschnitten und aufeinander geklebt, werden die Wackelaugen (ø 6 und 12 mm) angebracht.

MOTIVGRÖSSE
ca. 14–20 cm
(Flügelspannweite)

Schnecke im Herbstwald

Die Schnecke wird ganzflächig mit gelbem Seidenpapier beklebt und ausgeschnitten.
Nun bestreichen Sie nur das Schneckenhaus mit dem Klebestift, drücken zerknittertes, rotes Seidenpapier auf und schneiden das überstehende Seidenpier ab. Achten Sie auf einen geraden Abschluss zum Rumpf hin.

Für das Auge nehmen Sie einen schwarzen und einen weißen Klebepunkt (ø 8 mm und 12 mm).
Die Pilze und Blätter werden ebenso gearbeitet. Die Punkte sind weiße Klebepunkte.

MOTIVHÖHE ca. 11 – 15 cm

Zwitscherndes Vogeltrio

Die Augen der Vögel sind Klebepunkte (ø 8 und 12 mm)

MOTIVHÖHE
ca. 20 cm

Stachelige Gesellen

Die ausgeschnittenen Igel erhalten Wackelaugen (ø 12 mm) und schwarze Näschen, die entweder mit einem Filzstift aufgemalt oder aus Tonkarton ausgeschnitten und aufgeklebt werden.

Bunt und reich an Vitaminen

Die Früchte werden mit Seidenpapier beklebt und ausgeschnitten. Anschließend kleben Sie braunes Seidenpapier auf die Stiele und schneiden die überstehenden Ränder ab.

MOTIVHÖHE
Einzelne Früchte: ca. 8–15 cm
Gesamtes Motiv: ca. 30 cm

Exotische Fische und Seesterne

MOTIVHÖHE
Seesterne: ca. 11 cm
Fische: 15 cm

Ist die Kontur der Schablone auf weißen Tonkarton übertragen, wird das Motiv grob ausgeschnitten und das zerknitterte Regenbogen-Seidenpapier auf die Rückseite geklebt. Jetzt kann das Motiv exakt ausgeschnitten werden.
Die Fischaugen sind weiße und schwarze Klebepunkte (ø 8 und 12 mm).

Seepferdchen und Co.

Auf ein 30 cm langes Rundholzstäbchen (ø 3 mm) wird beidseitig jeweils eine Holzolive (1,2 cm lang) aufgesteckt. Nun können Sie das Ganze mit blauer Wasserfarbe bemalen.

MOTIVHÖHE
Einzelne Tiere: ca. 10–16 cm
Gesamthöhe: ca. 50 cm

Knoten Sie die Aufhängefäden an das blaue Rundholzstäbchen.
Die drei Meerestiere erhalten Klebepunktaugen (ø 8 und 12 mm). Mit der Lochzange werden die Aufhängelöcher ausgestanzt. Die Aufhängefäden für die Tiere sind zwischen 10 und 30 cm lang.

Fürs Baby

Bei Fläschchen und Schnuller wird nach dem Übertragen der Umrisse das Seidenpapier ganzflächig aufgeklebt. Nun schneiden Sie die Formen exakt aus.

Für das Herausschneiden der runden Innenfläche beim Schnuller verwenden Sie am besten einen Cutter mit geeigneter Schneideunterlage. Bestreichen Sie die Sauger von Fläschchen und Schnuller mit dem Klebestift und drücken Sie zerknittertes Seidenpapier auf. Achten Sie

auf einen geraden Abschluss des Seidenpapiers zum Fläschchen bzw. zum Ring hin.
Die überstehenden Seidenpapierränder werden abgeschnitten.
Bei der Rassel werden die fünf Teile separat mit Seidenpapier beklebt, ausgeschnitten und dann zusammengeklebt.

Lustige Regenbogen-Würmer

Die Augen der mit Regenbogen-Seidenpapier beklebten Würmer sind schwarze und weiße Klebepunkte (ø 8 und 12 mm).

MOTIVHÖHE ca. 6 – 9 cm

Flinke Eichhörnchen

Die Augen sind schwarze Klebepunkte (ø 8 mm). Für die Nasen werden ebenfalls Klebepunkte verwendet und die überstehenden Ränder abgeschnitten.

MOTIVHÖHE
ca. 8–12 cm

Ich bin der König der Tiere!

Der zunächst ganzflächig mit gelbem Seidenpapier beklebte Löwe erhält ein Klebepunktauge (ø 8 und 12 mm) und eine schwarze Tonkartonnase.

Nun werden die Bereiche des Löwen mit Klebestift bestrichen, auf die die braunen Seidenpapierknäuel aufgedrückt werden (gestrichelte Linie). Schieben Sie die Knäuel so zusammen, dass das gelbe Fell dazwischen nicht mehr durchschimmert.

Zum Schluss wird das Ohr angeklebt.

MOTIVHÖHE ca. 18 cm

Gut gelaunt und bunt gepanzert

Nach dem Übertragen der Schablone auf weißen Tonkarton wird das Regenbogen-Seidenpapier aufgeklebt.
Schneiden Sie die Schildkröte aus und bringen Sie das Wackelauge (ø 12 mm) an.

MOTIVHÖHE
ca. 11 cm

Drei wollige Gesellen

Sind Schafkörper und Ohr mit zerknittertem Seidenpapier beklebt und ausgeschnitten, bestreichen Sie Rumpf, Hinterkopf und Stirn mit dem Klebestift (gestrichelte Linie) und drücken weiße Seidenpapierknäuel auf.

Das Auge ist ein schwarzer Klebepunkt (ø 8 mm), das Nasenloch wird mit einem schwarzen Filzstift aufgemalt. Nun können Sie das Ohr ankleben und den Schäfchen evtl. kleine Glocken umhängen. Die Wiese wurde mit dem **FENSTERMAL-STIFT** von Hobbidee® aufgemalt.

MOTIVHÖHE ca. 15 bzw. 16 cm

Weißt du, wie viel Sternlein stehen ...

Der Mond bekommt ein Auge aus einem schwarzen und einem weißen Klebepunkt (ø 8 mm und 12 mm).

MOTIVHÖHE
ca. 8–14 cm